AF240171

BARON

LE COMÉDIEN,

ANECDOTE-VAUDEVILLE EN UN ACTE,

Par MM. Salvador T** et A. Ferré,

REPRÉSENTÉE POUR LA PREMIÈRE FOIS, A PARIS, SUR LE THÉATRE DE LA GAÎTÉ, LE 7 OCTOBRE 1837.

PARIS.

MARCHANT, ÉDITEUR,

BOULEVART SAINT-MARTIN, 12.

1837

PERSONNAGES.	ACTEURS.

BARON, sous le nom d'Arthur...................... M. Fosse.

DELOR, propriétaire de l'hôtel..................... M. Prosper.

BADOURET, concierge de l'hôtel.................... M. Charlet.

VALENTIN, garçon de l'hôtel....................... M. Raymond.

CHAMPAGNE, valet de la comtesse.................. M. Laisnez.

UN OFFICIER DU GUET........................... M. Camiade.

LA COMTESSE DE RONSBERG..................... Mlle Mélanie.

CAROLINE, fille de Badouret....................... Mlle Saint-Albe.

CUISINIERS, MARMITONS, SOLDATS DU GUET.

La scène se passe à Lyon, dans une salle de l'hôtel des Princes, en 1680.

AVIS AUX DIRECTEURS DE PROVINCE. — L'acteur chargé du rôle de BARON pourra supprimer le morceau sur l'air de Zampa, en laissant tout le reste de la scène.

BARON

LE COMÉDIEN.

SCÈNE PREMIÈRE.

CAROLINE, VALENTIN.

Au lever du rideau, Caroline travaille à la table à droite.

VALENTIN *entre en parlant à la cantonnade; il tient un plateau avec une tasse.* Oui, oui, soyez tranquille, monsieur Delor, je vais lui présenter ça, et solidement. *(Il descend la scène.)* C'est un particulier qui a de mauvaises intentions, je ne me trompe jamais....

CAROLINE. Qui est-ce donc, Valentin, qui a de mauvaises intentions ?

VALENTIN. Pardon, mademoiselle Caroline, pardon ; ce n'est pas de vous qu'il est question, ni de moi non plus, car je n'en ai que de bonnes intentions, et à preuve que je vais vous apprendre une nouvelle qui va faire palpiter votre cœur.

CAROLINE, *vivement.* Est-ce que vous avez à me parler de mon frère ?

VALENTIN. De votre frère, non; mais de votre père, qui vient de me promettre que notre mariage...

CAROLINE. Notre mariage!... C'est bien, c'est bien, nous avons le temps.

VALENTIN. Le temps, vous, c'est possible; mais moi, j'ai beaucoup d'occupations... et je suis pressé...

CAROLINE. Que je ne vous retienne pas...

VALENTIN. Voyons, mademoiselle Caroline Badouret, pourquoi ne pas vouloir m'épouser le plus promptement possible, quand vous êtes persuadée que vous serez extrêmement heureuse avec moi?...

CAROLINE. Heureuse...

AIR : *N'avez-vous pas partagé nos travaux.*
(Kettly.)

Ah! Valentin, vous êtes précieux,
Et votre erreur est vraiment peu commune,
Comment, hélas! pourrions-nous être heureux,
Quand vous et moi nous sommes sans fortune ?
Bals et concerts, plaisir vif et piquant,
Le luxe enfin qui suit la grande dame,
Riche parure, équipage élégant,
Pour se trouver heureuse maintenant,
  Voilà ce que veut une femme. (*bis.*)

VALENTIN. Je ne suis pas tout-à-fait de votre avis... D'ailleurs la fortune nous arrivera... Moi j'ai déjà quelques petites choses... M. Badouret, votre père, tire le cordon depuis long-temps... il ne doit plus tirer le diable par la queue... Et puis M. Delor, le propriétaire, vous aime beaucoup, puisque, malgré son avarice, sa défiance, il vous a chargée du linge et de l'argenterie de l'hôtel... Il m'a promis de faire les frais de la noce... il vous fera femme de charge... moi, il me fera... autre chose... Nous ferons le plus beau couple de l'hôtel des Princes.

CAROLINE. Un couple un peu dépareillé cependant.

VALENTIN. Ne jouons pas, ne jouons pas, mademoiselle Caroline, ou je commencerai à croire que je ne me trompe jamais.

CAROLINE, *riant.* Oh! quelquefois.

VALENTIN. Si je le croyais... si seulement j'en étais sûr, voyez-vous, je serais capable de fourrer de la mort-aux-rats dans cette tasse de lait.

CAROLINE. Est-ce qu'elle est pour vous?

VALENTIN. Non, elle est pour lui!

CAROLINE. Qui ça, lui?

VALENTIN. Pour lui, vous dis-je, pour le n° 23.

CAROLINE, *vivement*. M. Arthur?...

VALENTIN. Il vous fait les yeux doux, le scélérat de 23... Heureusement je lui porte sa condamnation avec ce breuvage, c'est le dernier qu'il prendra.

CAROLINE. Malheureux !..

VALENTIN. C'est le dernier qu'il prendra ici; car je suis chargé de lui présenter sa carte, et comme depuis plusieurs jours il est dépourvu de toute espèce d'argent monnayé... Ah! ah!

SCÈNE II.

LES MÊMES, BADOURET, *un journal à la main.*

BADOURET, *à Valentin*. Allons! tu es encore ici, toi, et M. Delor qui t'attend.

VALENTIN. Le propriétaire? qu'il attende, ses moyens le lui permettent... Et moi, il m'est bien permis de dire deux mots à ma prétendue.

BADOURET. Tu auras bien le temps de l'ennuyer quand elle sera ta femme !

VALENTIN. Je désire l'ennuyer le plus tôt possible !..

BADOURET. Je ne demande pas mieux ; et dès que tes épargnes monteront à quinze cents livres...

VALENTIN. Quinze cents livres!... il me semble que vous pourriez me passer ça un peu meilleur marché...

CAROLINE. Comme c'est agréable d'être marchandée, surtout quand l'acheteur n'est pas mieux tourné que cela...

VALENTIN. Je mettrai le surplus en amabilité.

BADOURET. Nous verrons ça plus tard... va faire tes affaires...

VALENTIN. Cependant...

BADOURET. Ah! laisse ma fille travailler, et va-t'en, je le veux...

VALENTIN. Monsieur Badouret, vous êtes concierge de l'hôtel, et je n'ai pas d'ordre à recevoir...

BADOURET. Qu'est-ce que c'est?

VALENTIN. Je n'ai pas d'ordre à recevoir du concierge.... mais j'obéis à mon futur beau-père... dont j'ai la parole moyennant quinze cents livres.

Il entre chez Baron.

SCÈNE III.

CAROLINE, BADOURET.

BADOURET, *parcourant son journal*. C'est un bon garçon... travailleur... Il est gai... il est gentil!

CAROLINE. Oh! oh! pas trop...

BADOURET. Oh! toi, tu n'en es pas enchantée, tu as tort...

CAROLINE. Eh bien! mon père, s'il faut vous le dire... je le trouve trop jeune...

BADOURET. Trop jeune... Voilà qui est fort...

CAROLINE. Je n'aime pas les jeunes gens...

BADOURET. Il fallait donc le dire..... M. Legras, le marchand d'huile, qui m'a parlé plusieurs fois.

CAROLINE. Oh! par exemple, celui-là est trop.....

BADOURET. Tu ne sais pas ce que tu veux, alors.

CAROLINE. Si ça vous est égal, j'attendrai que Valentin soit vieux.

BADOURET. Ah! voilà des bêtises... je veux te marier le plus tôt possible, j'ai mes raisons... Ainsi n'en parlons plus, et laisse-moi lire les nouvelles.

CAROLINE, *à part*. Oh! je trouverai bien un moyen de retarder mon mariage!...

BADOURET, *lisant*. « Le brick *le Neptune*, en course pour la traite, a échoué » sur les côtes de Madagascar; l'équipage » a été sauvé, mais tous les nègres qu'il » transportait à New-York ont péri. »

CAROLINE. Quel malheur !

BADOURET. Bah! des nègres, ça ne coûte pas cher; on ira en chercher d'autres. (*Lisant.*) Un courrier vient d'apporter la nouvelle suivante : « M. le baron de Vergennes, » ambassadeur de notre cour à Constanti- » nople, vient de traverser la frontière in- » cognito... et se donnant pour un artiste. » Il vient, dit-on, à Versailles prendre le » portefeuille des affaires étrangères. » (*Parlé.*) Diable! s'il pouvait s'arrêter dans notre hôtel... cela ferait un bon locataire... il y aurait honneur et profit à ne recevoir que des voyageurs comme celui-là...

SCÈNE IV.

LES MÊMES, DELOR.

DELOR. Eh bien! monsieur Badouret, vous voilà encore plongé dans mon journal...

BADOURET. Pardon, monsieur; mais je lisais...

DELOR. Parbleu! je sais bien que vous le lisez avant moi. (*Il le lui arrache.*) Eh bien! notre homme a-t-il payé?

BADOURET. Qui cela?

DELOR. Le n° 23...

BADOURET. Ah bien! oui... Valentin est chez lui depuis une heure...

DELOR. C'est ça, il donne encore des raisons, j'en ai assez. Un gaillard qui ne se refuse rien, qui traite le monde du haut en bas...,

CAROLINE. Mais, monsieur Delor, ce jeune homme est un artiste, un peintre...

DELOR. Un peintre... un peintre de quoi, puisqu'il ne fait rien?

CAROLINE. Un peintre d'histoire!...

DELOR. C'est un conte... D'ailleurs un peintre qui ne travaille pas, c'est un rien du tout!

BADOURET. Il dit qu'il attend de l'argent.

DELOR. Parbleu! moi aussi j'en attends, et je suis plus pressé que lui...

CAROLINE. Voyons, monsieur Delor, soyez bon, prenez un peu patience!

DELOR. De la patience, petite!... tu en parles à ton aise, toi qui n'as rien... pas de maisons, pas d'impositions, de constructions, de réparations...

CAROLINE. Eh bien! justement je voudrais avoir de tout cela... car alors...

SCENE V.

LES MÊMES, VALENTIN, *un habit sur le bras.*

VALENTIN *entre vivement.* Ah! scélérat d'artiste!... peintre brutal!...

DELOR. Eh bien! Valentin, as-tu reçu...

VALENTIN. Oui, monsieur, j'ai reçu... quelque chose.

DELOR. Un à-compte?

VALENTIN. Un à-compte!... Non, monsieur... le total.

CAROLINE. Vous voyez!

BADOURET. Il n'y a plus rien à dire.

DELOR. Réparation d'honneur.

VALENTIN. Oh! oui, il y aura réparation, j'en suis sûr... je ne me trompe jamais.

DELOR. Voyons, donne.

VALENTIN. Quoi?

DELOR. Ce que tu as reçu.

VALENTIN. Ce que j'ai reçu? Monsieur, non... je ne vous le donnerai jamais, je vous respecte trop.

DELOR. Qu'est-ce à dire? explique-toi...

VALENTIN, *à part.* Devant ma future ce serait trop humiliant. (*Haut.*) Monsieur, je dois me taire, il y va de mon honneur.

CAROLINE. L'imbécile!

BADOURET. Es-tu fou?

DELOR. Parleras-tu, drôle?

VALENTIN. Vous le voulez? eh bien! soit; la honte en rejaillira sur vos têtes, sur toutes les têtes de la maison.

DELOR. Sais-tu que tu commences à m'impatienter, Valentin?

VALENTIN. Apprenez donc que pour le paiement du mémoire que je viens de présenter... j'ai reçu...

TOUS. Quoi?

VALENTIN. Un coup de pied.

DELOR. En es-tu bien sûr?

VALENTIN. Monsieur, je ne me trompe jamais.

BADOURET. Comment, mon garçon, un coup de pied! et où ça?

VALENTIN. C'est mon secret.

CAROLINE, *riant.* Ah! ah! c'est drôle.

VALENTIN. Mademoiselle ma future, il n'y a rien de drôle là-dedans.

DELOR. Un coup de pied!...

BADOURET. Et tu ne lui as pas sauté à la gorge?

VALENTIN. Je lui tournais le dos, et il m'a mis à la porte, en me donnant l'ordre de brosser son habit, parce qu'il veut sortir sur-le-champ.

DELOR. Ah! il bat les gens, ne paie pas, et il veut sortir! Vite, Badouret, venez; je vais écrire un mot au commissaire.

BADOURET. Oui, oui, justice! Un homme qui ne reçoit pas de lettres, pas de journaux; qui ne donne rien au concierge...

DELOR. Ni au propriétaire.

VALENTIN. Il ne donne qu'au garçon.

DELOR. Ce n'est pas naturel.

VALENTIN. C'est un scélérat... je ne me trompe jamais.

DELOR. Dépêchons, Badouret. (*A Valentin.*) Toi, ne lui rends pas son habit.

VALENTIN. C'est juste, il ne pourra pas sortir.

CHOEUR.

AIR : *Honneur, honneur, etc.*

Contre le mécréant
Allons chercher main-forte;
Il faudra bien qu'il sorte,
Ou qu'il paie à l'instant.

Delor et Badouret sortent.

SCENE VI.

VALENTIN, CAROLINE, *puis* BARON.

CAROLINE. Monsieur Valentin, je savais que vous étiez laid, que vous étiez ennuyeux; mais je ne savais pas que vous étiez méchant.

VALENTIN. Allons!... voilà à cette heure que je suis laid et méchant... Mais c'est le portrait d'un crocodile que vous faites là!

CAROLINE. Aller dire que ce jeune homme vous a frappé, c'est mal.

VALENTIN. C'est mal de sa part, oui... car il n'y allait pas de main morte, le lâche !

CAROLINE. Je ne vous crois pas ; M. Arthur est un jeune homme trop doux pour...

BARON, *dans la coulisse.* Valentin, mon habit ! Ah ! coquin, je vais t'apprendre à me faire attendre ainsi..... Où est ma canne ?...

VALENTIN. Vous entendez !.... Pauvre agneau ! comme il est doux !

CAROLINE, *sortant.* Vous m'impatientez.

BARON, *entrant en robe de chambre.* Eh bien ! imbécile, et mon habit ?...

VALENTIN *le cache derrière lui.* Monsieur ?

BARON. Mon habit, drôle !

VALENTIN. Je ne l'ai plus, monsieur.

BARON. Comment ?

VALENTIN, *qui jette l'habit par la fenêtre.* Monsieur, il y a une tache, et je l'ai porté....

BARON. Où cela ?

VALENTIN. Chez le dégraisseur.

BARON. Cours le chercher ; et si dans un instant je ne l'ai pas, je te coupe une oreille.

VALENTIN. Ne vous dérangez pas... (*En sortant.*) Il en veut à ma tête à présent.... merci !

Il sort.

SCENE VII.

BARON, *seul.*

Je commence à m'inquiéter... pas de lettre de Sainval... mon bon camarade !... Et ce duc malencontreux qui se laisse blesser si dangereusement... Me forcer à me cacher pour un malheureux duel, moi, Baron, l'illustre comédien !... Diable ! mon étoile pâlirait-elle !

AIR de Zampa.

Je t'invoque, ô ma bonne étoile !
D'un vif éclat, ah ! viens briller encor !
Fortune, viens gonfler ma voile !
Et Baron reprend son essor.
Liberté sainte, je t'appelle ;
Bientôt d'une palme nouvelle
Thalie aura paré mon front...
Les muses réclament Baron !

Enfant chéri des beaux-arts,
Je le suis aussi des belles ;
Et vainqueur de toutes parts
Je connais peu de cruelles ;
Dans mes amours, dans mes travaux,
J'enlève aux yeux de mes rivaux
Et les baisers et les bravos.

Et le public et les belles,
Aux yeux de mes rivaux,
M'accordent des bravos !
O fortune, ma mie,
Venez, je vous convie,
Offrez à mon amour
Une femme jolie,
Et je l'adore un jour.
Gentille bayadère,
D'un regard peu sévère
Dissipez mes ennuis ;
Piquante jouvencelle,
Naïve pastourelle,
Accourez où je suis ;
Dans vos yeux je veux lire
Le gracieux sourire
Des belles que je fuis.

Enfant chéri des beaux-arts, etc.

Mais idolâtre,
Du théâtre,
C'est là que je devrais briller.
Mes talens et mon zèle
Bientôt se verraient couronner
D'une faveur toujours nouvelle.
Quand donc, hélas ! de ce beau jour,
Qu'ici j'appelle avec amour,
Verrai-je luire l'aurore ?
Cet espoir dans mon cœur
A fait pénétrer le bonheur,
Je pourrai dire encore :

Enfant chéri des beaux-arts, etc.

SCENE VIII.

BARON, CAROLINE.

BARON, *apercevant Caroline.* Eh bien ! Caroline, approchez... Est-ce que je vous fais peur ?

CAROLINE. Je n'ose pas... monsieur avait l'air si colère... tout-à-l'heure.

BARON. Oh ! pas avec vous... je vous aime trop pour cela.

CAROLINE. Monsieur !

BARON. Oui, Caroline, oui, je vous le répète, vous êtes la plus jolie personne que j'aie vue de ma vie .... Non, vrai, je ne connais pas dans le grand monde une seule femme qu'on puisse vous comparer...., Et vraiment ce serait un meurtre de laisser tant d'attraits ignorés.

CAROLINE. Oh ! monsieur, je ne dois pas vous écouter.

BARON. Pourquoi ?.. enfant ! est-ce que je vous déplais ?

CAROLINE. Je ne dis pas cela.

BARON. Eh bien ! alors, laissez-moi vous parler de mon amour.

CAROLINE. Monsieur Arthur, mon père veut me marier, et je ne dois pas...

BARON. Votre père veut vous marier !..

CAROLINE. Oh ! mon Dieu, oui... il a donné sa parole... à un jeune homme...

BARON. Que vous aimez...

CAROLINE. Puisque mon père le veut...

BARON. Bien, je comprends... on veut vous sacrifier..... Laissez dire votre père : nous le ferons changer d'avis.

CAROLINE. Je ne le crois pas, puisque vous allez nous quitter.

BARON. Vous quitter? qui vous a dit cela ?

CAROLINE. M. Delor, qui perd patience.

BARON. Oh ! je connais un moyen de l'apaiser. J'attends aujourd'hui même des lettres et de l'argent... mais laissons cela, et parlons de nous, j'ai tant de choses à vous dire.

CAROLINE. A moi... quoi donc ?

BARON. Pouvez-vous me le demander, quand chacune de mes pensées est une pensée d'amour pour vous, quand vos jolis yeux font battre mon cœur avec tant de violence.

CAROLINE, *le regardant.* Vous m'aimez... bien vrai ?

BARON, *lui prenant la main.* Vous en doutez encore ! Tenez, interrogez-le, ce cœur où vous régnez en souveraine.

CAROLINE. Oh ! monsieur Arthur... de grâce...

BARON, vif.

Air de l'Angélus

Je voulais du dieu des amours,
Dans mon cœur briser l'oriflamme;
J'entrevis encor de beaux jours
Quand votre image dans mon ame
Vint se graver en traits de flamme.
Pour tant d'amour, j'implore, hélas!
Un mot d'espérance, un sourire...
Eh quoi ! vous ne répondez pas?

CAROLINE.

Monsieur, faudra-t-il tout vous dire?
Monsieur, faut-il donc tout vous dire?

BARON. Ma chère Caroline..... qu'un baiser soit le gage...

Il l'embrasse; on entend la voix de Badouret.

CAROLINE. Mon père... Ah ! mon Dieu !

Elle se sauve dans la chambre à droite.

SCENE IX.

BARON, BADOURET.

BARON. Au diable l'importun ; la petite était à moi... Ah ! c'est le papa.

BADOURET. Monsieur, je viens...

Il déploie un papier.

BARON. Fort à propos, monsieur Badouret. (*A part.*) C'est encore mon mémoire qu'il m'apporte.

BADOURET. Comment, monsieur ?

BARON, *s'asseyant.* Oui, je suis enchanté de vous voir. J'ai à vous parler. (*A part.*) Comment m'en débarrasser? (*Haut.*) Asseyez-vous, monsieur Badouret.

BADOURET, *à part.* Il faut me défier de ses politesses. (*Haut.*) Monsieur, je vous remercie ; je viens pour vous présenter de nouveau...

BARON. Dites-moi, est-il vrai que vous allez marier votre fille ?

BADOURET. Oui, monsieur... vous présenter de nouveau le mémoire...

BARON. Et pensez-vous la rendre heureuse, cette jolie enfant ?

BADOURET. Je le crois, monsieur,... le mémoire de vos dépenses...

BARON. Je crois que vous vous trompez, et qu'elle n'aime pas son prétendu.

BADOURET. C'est possible, monsieur... Vos dépenses, tant pour nourriture...

BARON. Alors je trouve que vous faites une folie.

BADOURET. Je ne dis pas le contraire... Pour nourriture, logement, etc., etc.

BARON. Je vous engage à renoncer...

BADOURET. Monsieur, je ne renonce pas à toucher le montant de cette note.

BARON. Monsieur Badouret, voulez-vous que je vous donne?..

BADOURET. Oui, monsieur.

BARON. Un bon conseil?

BADOURET. Non, monsieur, c'est 91 livres 10 sols qu'il faut me donner.

BARON. Ah ! c'est votre mémoire. (*Il le met dans sa poche.*) C'est bien, je le ferai vérifier.

BADOURET. Vérifier par qui?

BARON. Parbleu, par un expert.

BADOURET. Monsieur, il n'y a pas un denier à rabattre, et je ne vous quitte pas que vous n'ayez soldé.

BARON. Vous êtes pressant.

BADOURET. Et surtout pressé.

BARON. Lorsque l'on veut me parler d'affaires, on vient chez moi le matin, entre huit et neuf. Qui donc avez-vous l'habitude de recevoir dans cette maison?

BADOURET. Des gens qui paient, monsieur.

BARON. Qu'est-ce que c'est, bonhomme?

BADOURET. Ce n'est pas pour vous que je dis cela, mais il me faut de l'argent.

BARON. Voyons, père Badouret, vous n'êtes pas si noir que vous en avez l'air.

BADOURET. Monsieur, je suis ici pour prendre les intérêts de mon propriétaire; ainsi...

BARON. Allons donc, vous savez trop ce que vous vous devez à vous-même.

BADOURET. C'est vous, monsieur, qui devez... je ne dois rien.

BARON. Vous devez être honnête, puisque vous êtes concierge.

BADOURET. Monsieur, vous savez le

proverbe : pas d'argent, pas de concierge.

BARON. Allez au diable, et qu'on me serve à dîner.

BADOURET. Jamais, monsieur, on n'en tient plus.

BARON. Monsieur Badouret, vous êtes ignoble.

BADOURET. Monsieur, je représente le propriétaire.

BARON. Je lui en fais mon compliment... vous êtes aussi ganache que lui.

BADOURET. Ganache !..

ENSEMBLE.

Air : *Ah! quel outrage.*

BADOURET.

Quelle insolence !
Quelle arrogance !
Ah ! bientôt j'en aurai vengeance.
Quelle insolence!
Je vais, je pense,
Vous forcer
A me respecter.

BARON.

Quelle insolence!
Quelle arrogance !
Vous êtes un vieux fou, je pense.
Faites silence,
Et ma clémence
Peut aller
Jusqu'à pardonner.

Baron entre chez lui.

SCENE X.

BADOURET, *puis* VALENTIN.

BADOURET. Ah! mon petit monsieur, vous me paierez vos insultes... Oser me dire que je suis aussi ganache que M. Delor... c'est trop fort.

VALENTIN, *passant sa tête.* Eh bien! il n'est plus là !

BADOURET. Qui ça?

VALENTIN, *entrant.* Le 23, le furieux de 23.

BADOURET. Non, et j'espère que bientôt il ne sera plus nulle part.

VALENTIN. V'là son habit, qu'est-ce qu'il faut en faire?

BADOURET. Je le confixe, et je le dépose chez le commissaire ; apporte-le-moi.

VALENTIN. Le commissaire?

BADOURET. L'habit... l'habit... (*Il le prend et le secoue.*) Je le tiens à présent ce beau M. Arthur.

Il laisse tomber une lettre.

VALENTIN. Vous allez perdre quelque chose.

Il ramasse la lettre.

BADOURET. Qu'est-ce que c'est.

VALENTIN. Un papier qui vient de tomber de la poche.

BADOURET. Une lettre? ah ! ah ! (*Riant.*) A monsieur Arthur, peintre, bureau restant, à Lyon.

VALENTIN. Lisons-la.

BADOURET. T'as dit?..

VALENTIN. Je dis : Lisons-la, nous apprendrons peut-être...

BADOURET. Lire une lettre qui ne m'est pas adressée!.. Valentin, pour qui me prenez-vous, et où avez-vous été élevé?

Air *du Baiser au porteur.*

J'entends dire à plus d'un confrère :
Le premier devoir d'un portier,
C'est de tout savoir et tout faire,
Pour savoir à qui se fier ;
Mais ces conseils, je sais les oublier.
Pour moi, mon ame est encor vierge,
Je repousse de tels abus,
Je suis discret... pour un concierge,
C'est la première des vertus !
Oui, je suis discret et concierge,
C'est mériter le grand prix des vertus.

VALENTIN. Mais, mon cher beau-père, nous saurions peut-être par là...

BADOURET. Jamais, jamais, monsieur.

VALENTIN. Elle est décachetée.

BADOURET. Elle est décachetée... c'est différent. (*Il la prend et lit.*) Mon cher Baron...

VALENTIN. Son cher baron?

Ils se regardent.

BADOURET. « Votre duel avec le duc » fait grand bruit; sa blessure paraît être » grave. Tenez-vous sur vos gardes ; je » vous tiendrai au courant de cette affaire. » Dites-moi si vous avez accepté ce rôle » de ministre que l'on vous offre à l'hôtel » de Bourgogne. La cour verra votre ren- » trée avec plaisir. Croyez à mon dévoue- » ment. Votre directeur et ami ,

» DE FONBELLE. »

VALENTIN. Son directeur !...

BADOURET. C'est son confesseur qui lui écrit..... un baron qui va devenir ministre.

VALENTIN. Eh bien! j'en étais sûr, je ne me trompe jamais.

BADOURET. C'est un grand personnage... Eh mais! j'y suis... Ce ministre dont le journal parlait ce matin, et qui voyage *incognito*, c'est lui, plus de doute... Je l'aurais deviné à son air noble... Et dire qu'il n'est pas fier ! qu'il me traite avec bonté ; que tout-à-l'heure encore il m'a dit en riant que j'étais aussi ganache que M. Delor.

VALENTIN. Et moi, ce qu'il m'a donné lui-même en me tutoyant ; c'est ça qui est populaire.

BADOURET. Un ministre ! quel honneur pour l'hôtel !

VALENTIN. Je lui demanderai sa protection..... qu'il me fasse n'importe quoi, ou bien autre chose.

BADOURET. Valentin, modérez-vous. Si monseigneur paraissait... Je vais prévenir M. Delor.

ENSEMBLE.
Air *du Secret d'état.*
Gardons bien son secret ;
Il faut savoir se taire :
Dans une telle affaire,
Un mot est indiscret.
Badouret sort.

SCENE XI.
BARON, VALENTIN.

BARON. Ah ! te voilà, drôle ; et mon habit ?

VALENTIN. Le voilà remis à neuf, monsieur le comte.

BARON, *à part.* Il a peur. (*Haut.*) C'est bien.

VALENTIN. Si monseigneur veut bien me faire l'honneur de me permettre de le lui passer ?

BARON. Comment dis-tu ?

VALENTIN, *le suivant avec l'habit.* Je désire prouver à monsieur le duc tout mon désir de lui être utile et agréable.

BARON, *à part.* Est-ce que ce drôle voudrait se moquer de moi ?... il serait plaisant. (*Haut.*) Voyons, que voulez-vous ?

VALENTIN. Mériter que monseigneur veuille bien m'accorder sa protection, ainsi qu'à mon futur beau-père.

BARON.
Air *du Droit du seigneur.*
Pour vous, mon cher, que puis-je faire?
Allons, parlez, expliquez-vous,
Qu'attend-on de mon ministère ?
VALENTIN , *saluant.*
Monsieur le duc, pardonnez-nous;
Protégez-moi, je vous en prie !
De vous j'implore cet honneur....
BARON.
Mais il est fou, je le parie.
VALENTIN.
Mon beau-père aussi, monseigneur.

SCENE XII.
BARON, BADOURET, VALENTIN.

BADOURET. Monseigneur, M. Delor m'envoie prendre vos ordres et savoir si vous désirez que l'on vous serve dans votre chambre.

BARON. Qu'est-ce que vous dites, mon brave homme ?

BADOURET. M. Delor a pensé que si monsieur le duc veut garder l'*incognito*.

BARON, *à part.* Monsieur le duc, monseigneur ! à qui diable en ont-ils ?

BADOURET. M. Delor supplie votre excellence...

BARON *à part.* Si j'y comprends un mot... (*Haut.*) Ah çà ! qu'est-ce que vous me chantez, avec votre M. Delor?

BADOURET. Le voici lui-même, altesse.

SCENE XIII.
LES MÊMES, DELOR *en grand costume,* *puis* CAROLINE.

DELOR. Monseigneur, je viens mettre à la disposition de votre seigneurie mes gens, mon hôtel et moi-même.

BARON, *à part.* Lui aussi ! est-ce une mystification ?

DELOR. Monsieur le duc...

CAROLINE, *qui est entrée.* Monsieur le duc?

DELOR. Serait-il assez indulgent pour me permettre de le servir à table ?

BARON. Comment, monsieur Delor ?..

DELOR. Je le demande comme une grâce.

BARON, *à part:* Définitivement, il y a méprise ; quelle qu'elle soit, profitons-en, cela me fera gagner le temps nécessaire pour recevoir des nouvelles de mon camarade Sainval.

DELOR, *à Badouret.* Il se consulte.

CAROLINE, *à part.* Lui, un grand seigneur, quel dommage !

BARON. Braves gens!

DELOR *et* **TOUS.** Monseigneur !

BARON. Vous m'avez deviné... mais je compte sur votre discrétion ; je veux garder l'incognito deux jours encore...

DELOR. Il sera respecté, monseigneur... Badouret, vous mettrez ce soir des lampions aux fenêtres de l'hôtel.

BARON. Mon habit.

VALENTIN. Le voici, monseigneur.

DELOR. Donne, maladroit.

Delor, Badouret, Valentin se mettent à l'habiller.

Air *de Missolonghi.*

Notre unique espérance
Est en vous, monseigneur ;
Servir votre excellence
Est pour nous un bonheur.
BARON.
Je veux vous payer
De vos soins, de votre zèle,
C'est le plus fidèle
Que je saurai protéger.
A part.
Puisqu'on me croit un duc, une excellence,
De la méprise, ah ! sachons profiter;
Ma bonne étoile ici vient de briller ;
Il faut au moins bénir la Providence.
L'air noble à prendre et des sots à duper,
Pour moi le rôle est facile à jouer.
Haut.
Je veux vous payer
De vos soins, de votre zèle,
C'est le plus fidèle
Que je saurai protéger.

ENSEMBLE.
Sachons redoubler
Et nos soins et notre zèle,
Et le plus fidèle
On saura le protéger.

Ils sortent.

SCENE XIV.

BARON, CAROLINE.

BARON. Eh bien, ma jolie Caroline, vous me paraissez bien rêveuse ?

CAROLINE. Moi, monsieur ?

BARON. Quel serait mon bonheur, si j'étais l'objet de cette rêverie.

CAROLINE, *voulant sortir.* Monsieur, je vous salue.

BARON. Oh ! vous ne me quitterez pas ainsi... Qu'ai-je donc fait pour vous déplaire ?

CAROLINE. Oh ! monsieur, ne me parlez plus... le rang que vous occupez dans le monde...

BARON. N'est-il pas honorable ?.. et ma qualité d'artiste a-t-elle quelque chose dont je doive rougir ?

CAROLINE. Oh ! non, monsieur, si vous étiez artiste ; mais vous, un grand seigneur, chercher à tromper une pauvre fille... oh ! c'est mal.

BARON. Moi, grand seigneur !... Caroline, je n'ai pas cet honneur, et je ne l'ambitionne pas.

AIR : *J'en guette un petit de mon âge.*

Si j'ai paré mon front d'une couronne,
De mes talens c'est qu'elle était le prix,
Et ce fleuron qu'à l'artiste l'on donne
A plus d'éclat qu'un blason de marquis,
Oui, je l'avoue, oh ! mon ame était fière
Quand un laurier vint payer mes travaux ;
Car le laurier ombrage les tombeaux
Du grand Corneille et de Molière. (*Bis.*)

CAROLINE. Est-il bien vrai, monsieur... vous n'êtes pas...

BARON. Non, ma Caroline, je ne vous trompe pas, j'en jure par mon amour pour vous ; si je n'ai pas désabusé M. Delor et votre père, c'est que cette méprise peut me servir pour obtenir le délai dont j'ai besoin.

CAROLINE. Je vous crois, monsieur Arthur... j'ai besoin de vous croire.

BARON. Et vous m'aimerez un peu ?

CAROLINE. Mais...

BARON. C'est par tout mon amour, Caroline, que je veux mériter l'aveu que je sollicite.

DUO.

AIR : *Bonheur de se revoir.*

Daignez le dire enfin, ce doux mot : je vous aime !
Qu'il porte dans mes sens l'espoir et le bonheur.
Je le lis dans vos yeux... félicité suprême !
Le bonheur des élus a fait battre mon cœur.
Ah ! ah !
Tous mes amours, les voilà !
Ah ! ah !
Répétons ces sermens-là.

CAROLINE.

Ah ! combien votre voix a de force et de charmes,
Mon ame est tout émue, et mon cœur est en feu ;

D'espoir et de plaisir je sens couler mes larmes.
Eh bien ! de mon amour je fais ici l'aveu.
Ah ! ah !
Tout mon bonheur, le voilà !
Ah ! ah !
Redisons ce serment-là.

ENSEMBLE.

Ah ! ah ! tout mon bonheur, le voilà ! etc.

SCENE XV.

LES MÊMES, VALENTIN.

VALENTIN. Est-il bon enfant, monseigneur... est-il bon enfant !

CAROLINE, *effrayée.* Ah mon Dieu !

VALENTIN, *à part.* Il chante avec ma future.

BARON. Qu'est-ce que c'est?

VALENTIN. C'est moi, monseigneur, qui admire votre complaisance... vous êtes là à causer, à chanter avec des petites gens...

BARON. Oui, je suis comme cela... (*A Caroline.*) Caroline, nous reprendrons notre délicieux entretien.

VALENTIN. Monseigneur... votre dîner...

BARON, *lui tapant sur la joue.* C'est bien, mon ami, tu m'avertiras quand tout sera prêt.

Il rentre.

VALENTIN. Décidément, c'est un grand ministre... Mademoiselle Caroline, il faut le prier de demeurer avec nous... Ah ! que je suis bête, il n'a pas le temps... mais nous pouvons toujours le prier d'être le parrain de notre premier.

CAROLINE. Valentin, vous m'impatientez, vous êtes stupide.

VALENTIN. Eh bien ! c'est gentil ce que vous dites là... J'en ferai mon rapport au ministre.

SCENE XVI.

DELOR, BADOURET, VALENTIN, CAROLINE, CUISINIERS, VALETS, *en grand costume, bouquet à la boutonnière.*

On prépare la table pour le dîner de Baron.

DELOR. Allons, mes enfans, du zèle ; que monseigneur soit satisfait... Placez là ces bouteilles ; les fruits sur le guéridon... Allez prévenir monseigneur qu'il est servi. (*Bruit de voiture.*) Ah ! une voiture !... qui est-ce qui nous arrive ?

VALENTIN, *à la croisée.* Un piqueur.

DELOR. Ah !

VALENTIN. Une chaise... quatre chevaux... postillon... cocher... trois laquais en grande livrée.

DELOR. Diable ! Vite, Badouret, allez recevoir... je vais veiller ici... Caroline, préparez le n° 24.

Badouret sort vite ; Caroline entre au n° 24.

VALENTIN. Une dame descend et monte.

DELOR. Elle monte, elle descend... qu'est-ce que tu dis?

VALENTIN. Elle descend de voiture et monte le perron... elle vient... la voilà!..

SCENE XVII.

Les Mêmes, BADOURET, LA COMTESSE, *appuyée sur le bras de son valet.*

BADOURET. Par ici, madame, par ici!

DELOR, *saluant.* Madame la... madame la... (*A Badouret.*) Quel titre?

BADOURET, *bas.* On n'en sait rien.

DELOR. Madame la duchesse.

BADOURET, *bas.* Incognito.

DELOR. Madame...

LA COMTESSE. Silence! silence. (*A part.*) Dieu! que ces provinciaux sont ridicules et maladroits! Ils ne savent rien faire à propos. (*Haut.*) Un siége, lourdauds, un siége. (*On apporte un fauteuil, elle s'assied.*) Que d'ennuis, que de fatigue! je suis mourante... Mon flacon.

Le valet le lui donne; elle respire et joue de l'éventail.

DELOR. Si madame désire...

LA COMTESSE. Taisez-vous.... attendez qu'on vous interroge.... Avez-vous dans votre hôtel...

DELOR. Un noble seigneur... Oui, madame la duchesse... croyez.

LA COMTESSE. Il n'est ici question ni de noble seigneur ni de duchesse... appelez-moi simplement madame, et ne m'interrompez pas... répondez seulement.

DELOR. J'écoute, madame... j'écoute...

LA COMTESSE. Avez-vous dans votre hôtel un voyageur?

DELOR. J'en ai trois, madame.

LA COMTESSE. Grand, brun...

DELOR. Ils le sont tous les trois, madame.

LA COMTESSE. Figure aimable, d'homme à bonnes fortunes...

DELOR. Je crois qu'ils le sont tous les trois.

LA COMTESSE. Vous m'impatientez, monsieur... je vous demande un jeune homme d'une tournure distinguée...

DELOR. J'y suis... c'est le n° 17.

LA COMTESSE. S'exprimant avec élégance et noblesse...

DELOR. Le n° 17.

LA COMTESSE. L'œil vif...

DELOR. Toujours le 17.

LA COMTESSE. Les dents fort belles...

DELOR. 17.

LA COMTESSE. La jambe magnifique....

DELOR. La gauche... oh! la jambe gauche magnifique.

LA COMTESSE. Comment?

DELOR. La droite est une jambe de bois.

LA COMTESSE. Monsieur, vous moquez-vous de moi?

DELOR. Je n'ai garde, madame.

On entend Baron crier : Valentin!

LA COMTESSE. Quelle est cette voix?

DELOR. Celle de monseigneur, madame. Vite, Valentin,

Valentin sort.

LA COMTESSE. Monseigneur!... Monsieur l'hôte, vous êtes sûr?...

DELOR. Très-sûr, madame... c'est un grand seigneur qui est ici incognito depuis quinze jours.

LA COMTESSE. Depuis quinze jours!

DELOR. Sous le nom de M. Arthur Lebrun, peintre.

LA COMTESSE, *à part.* C'est lui!

DELOR. Mais une lettre... de son directeur, qui l'appelle son cher baron.

LA COMTESSE. Baron! c'est bien lui.... Ah! je le tiens enfin, le monstre, le scélérat...

DELOR. Madame, y songez-vous?... Monseigneur, un scélérat.

LA COMTESSE. Oui, monsieur, j'y songe... Un scélérat qui prend tous les noms, toutes les figures... c'est par lui que mes jours sont empoisonnés... Savez-vous, monsieur, que la blessure qu'il m'a faite au cœur a failli me coûter la vie.

DELOR. O ciel!

TOUS. O mon Dieu!

LA COMTESSE. Si vous connaissiez le nombre de ses victimes!

DELOR. De ses victimes!

LA COMTESSE. Cette pauvre petite duchesse dont il a blessé le mari dernièrement... morte, monsieur, morte!

DELOR. Miséricorde!... le brigand!

LA COMTESSE. Oh! il ne m'échappera plus... il faut que je l'enlève d'ici, de gré ou de force... Une chambre, une chambre, de suite, que je fasse mes dispositions.... Champagne, allez donner l'ordre à mes gens de changer de chevaux et de se tenir prêts... Vous, monsieur, l'hôte, vous m'en répondez; s'il m'échappe, je vous fais jeter dans une prison d'état.

ENSEMBLE.

Air de la Prima dona.

LA COMTESSE.
Vous devez aujourd'hui
Obéir en silence;
Montrez de la prudence,
Vous répondez de lui.

TOUS.
Nous devons aujourd'hui
Obéir en silence,
Il faut de la prudence,
Nous répondons de lui.

La comtesse entre au n° 24.

SCENE XVIII.

Les Mêmes, BARON, *sortant de chez lui;*
puis VALENTIN.

Suite de l'air:

BARON.

Je suis flatté, messieurs, de votre hommage.
A part.
Je puis fort bien, avec quelque avantage,
Représenter un noble personnage ;
  C'est mon état...
 Soyons stupide et fat.

REPRISE DU CHOEUR.

ENSEMBLE.

TOUS.

Nous devons aujourd'hui, etc.

BARON.

Vous devez aujourd'hui
M'obéir en silence ;
Surtout de la prudence,
Comptez sur mon appui.

Baron se met à table; tous reculent, excepté
Valentin.

BARON. Bravo, messieurs, bravo ! c'est
très-bien... A boire, Valentin.

VALENTIN, *versant.* Oui, monseigneur.

BARON, *mangeant.* Eh bien ! monsieur
Delor, qu'avez-vous à me demander ?

DELOR. A vous demander, moi !... rien,
monsieur, absolument rien...

BARON. Valentin, à boire !

VALENTIN, *très-embarrassé des signes*
que lui font les autres. Oui.... à boire....
voilà, voilà.

Badouret fait le geste d'un homme qui donne un
coup de poignard; Valentin effrayé, verse à côté.

BARON. Eh bien ! drôle ! fais attention..
Qu'as-tu donc à trembler ainsi ?

VALENTIN. Moi ! je ne sais pas... c'est...

BARON, *buvant.* Je croyais, monsieur
Delor, que vous aviez quelque chose à
solliciter ?

DELOR. Solliciter ?.... moi !.... jamais,
jamais.

BARON. Il ne sollicite jamais... c'est un
phénomène.

VALENTIN, *à qui Badouret a parlé bas.*
O ciel ! est-il possible !

BARON. Qu'est-ce que c'est ? (*Personne*
ne répond.) Diable ! quel silence ! quelle
étiquette... ils ont de drôles de figures !...
(*Il prend le couteau à découper.*) Valentin !

VALENTIN, *à part.* Plus souvent !

BARON. Eh bien ! Valentin !

VALENTIN. Quoi !

BARON, *d'un ton tragique.*

Eh! quoi, vous vous troublez, vous changez de visage?
Lisez-vous dans mes yeux quelque triste présage?

VALENTIN. Moi !... je ne sais pas lire...

BARON. Eh bien, verse à boire ; et
M. Delor va me faire raison.

DELOR. Je n'ai pas soif, monsieur, je
n'ai pas soif.

BARON *se lève, tous reculent.* Comment... vous refusez?...

DELOR. Parbleu!

BADOURET. Il n'y a pas de presse.

DELOR, *à Badouret.* Allez fermer les
portes de l'hôtel.

BADOURET. J'y cours.

Il sort précipitamment.

BARON, *présentant le verre.* Monsieur
Delor, pas d'excuses.

Choisissez à l'instant ce fer ou ce breuvage,
Ou craignez d'exciter les transports de ma rage.

DELOR, *tirant son épée.* A la garde !

VALENTIN, *s'armant d'une bouteille.* A
l'assassin !

Tous les cuisiniers tirent leurs couteaux en criant :
Au secours !

SCENE XIX.

Les Mêmes, CAROLINE.

CAROLINE. Qu'y a-t-il donc ?... et pourquoi criez-vous tous?

BARON, *riant.* Les comparses sont à
leur affaire, c'est très-bien.... mais ils
servent fort mal à table... Mes braves
gens, allez à vos affaires, et laissez-moi
dîner tranquillement...

Tous se groupent en murmurant.

DELOR, *à ses gens.* Allez prévenir le
commissaire.

UN CUISINIER. Oui.

DELOR. Savez-vous bien, enfin...

BARON, *déclamant.*

Vous tous, obéissez à l'ordre qu'on vous donne;
Fuyez, il en est temps...c'est Dieu qui vous l'ordonne.

Tous s'inclinent et sortent, excepté Caroline.

BARON. Valentin, demeure pour nous
servir.

SCENE XX.

BARON, CAROLINE, VALENTIN.

CAROLINE, *à part.* C'est un trompeur,
m'a dit cette grande dame ; de plus il est
marié... Voyons ce qu'il va me dire.

BARON, *qui s'est remis à table.* Caroline,
asseyez-vous là ; faites-moi compagnie....
Vous n'avez pas peur, vous ?

CAROLINE. Oh ! non, monseigneur.

BARON. Monseigneur !... appelez-moi
toujours Arthur.

CAROLINE. Mais puisque ce n'est pas
votre nom.

BARON. Vous croyez...

CAROLINE. Oh ! vous ne me tromperez
plus... je sais que vous êtes...

BARON. Quoi !

CAROLINE. Baron !

BARON, *inquiet, et à part.* Ah ! je suis
reconnu... je m'explique maintenant le

trouble de M. Delor. Et qui donc m'a trahi, Caroline?

CAROLINE. Une pauvre femme que je ne dois pas nommer, et que vous avez séduite:..

BARON, *riant.* Elle n'a été que séduite? elle est parbleu bien heureuse! S'il fallait compter toutes celles que j'ai déshonorées, empoisonnées, poignardées. (*Caroline recule. Valentin, effrayé, laisse tomber une assiette.*) Enfin, que voulez-vous, j'y suis forcé; c'est mon état.

CAROLINE. Votre état!

VALENTIN. Quelle infamie de profession!

BARON, *à Caroline.* Allons, rassurez-vous... je suis près de vous, j'oublie tous les dangers que je cours... car, sur ma parole, je vous aime comme un fou.

VALENTIN. Le scélérat!

CAROLINE, *à part.* Cette dame m'a recommandé d'écouter tout ce qu'il me dirait.

BARON, *à part.* Sa timidité m'enchante... (*Haut.*) Valentin, du champagne!

VALENTIN, *versant, à part.* Bois, bois, misérable.... s'il pouvait se noyer....

BARON. Ecoutez, Caroline....

CAROLINE. J'écoute, monsieur...

BARON, *à Valentin.* Arrière, valet!

VALENTIN, *reculant.* Allons, il veut commettre quelque malheur, c'est sûr!...

Il se rapproche pour écouter.

BARON. Oui, ma chère petite, je vous idolâtre.... Vous me croyez, n'est-ce pas?

CAROLINE, *à part.* Il faut dire comme lui.... (*Haut.*) Moi, monsieur, je crois tout ce qu'on me dit.

BARON. Elle est adorable!... Eh bien, si vous croyez à mon amour, vous ne pouvez pas être ingrate.... vous devez m'aimer aussi....

VALENTIN, *à part.* J'en ai peur...

CAROLINE. Mais, monsieur...

BARON. Allons donc, Caroline, c'est si naturel.... Oui, ma chère petite, je le crois, vous m'aimez autant que je vous aime, et pour me le prouver, il faut me suivre, partir avec moi.

VALENTIN, *à part.* Qu'est-ce qu'il en veut faire?

CAROLINE. Vous suivre, moi!... Et votre femme?

BARON. Ma femme!

CAROLINE. Direz-vous que vous n'avez jamais été marié?

BARON. Plus de cent fois aux yeux de tout Paris... et pourtant je suis toujours garçon.

CAROLINE, *à part.* Oh! c'est trop fort!

VALENTIN, *à part.* En voilà, des horreurs!

BARON, *se levant et prenant la main de Caroline.* Oui, je suis garçon, Caroline.... je suis libre.... libre, entendez-vous...

VALENTIN, *à part.* Oui, coquin, trop libre même...... mais tu ne le seras pas long-temps.

BARON. Et je ne veux plus m'occuper que de vous... Ecoutez, puisque l'on sait qui je suis, ma sûreté exige que je quitte cette maison aujourd'hui même... Ce soir, quand l'hôtel sera tranquille et que tout le monde sera endormi, je viendrai vous prendre dans cette salle.... Vous me promettez d'y venir, n'est-ce pas?

CAROLINE, *à part.* Il faut dire comme lui.... (*Haut.*) J'y serai, monsieur Arthur.

BARON. Elle est à moi.

VALENTIN. Qu'est-ce qu'elle a dit?

BARON. Eh bien, Caroline, allez tout préparer pour qu'on ne s'aperçoive pas trop tôt de votre absence.

CAROLINE. Oui, monsieur, j'y vais..... (*A part.*) Allons tout raconter à cette dame....

Elle entre chez la comtesse.

SCENE XXI.

BARON, VALENTIN.

VALENTIN, *rangeant la table.* Elle a consenti, la malheureuse....Oh! les femmes!

BARON, *joyeux.* Encore une!... Pauvre petite, avec quelle confiance elle se donne à moi... Maintenant, songeons à gagner la frontière; car ces gens-là sont si stupides, que pour me punir de ce qu'ils m'ont cru un grand seigneur, ils pourraient bien me faire arrêter... (*Haut.*) Valentin, Valentin!

VALENTIN. Eh bien! après...

BARON. J'ai à travailler dans ma chambre, tu veilleras à ce que personne ne vienne me déranger.

VALENTIN, *à part.* C'est ça, il veut être tranquille pour préparer un nouveau crime.

BARON. Tu as entendu...

VALENTIN, *qui tient une bouteille.* J'ai envie de le défigurer, de lui casser une jambe.

BARON. Tu dis...

VALENTIN. Je ne dis rien.... mais si vous voulez que je vous dise.... vous serez dérangé dans votre ouvrage, car je ferai du bruit, moi; je ferai du bacchanal...

BARON. Comment, drôle....

VALENTIN. Oui; j'ai la tête montée.

BARON, *à part.* Ce garçon me connaît aussi....il faut le gagner... (*Haut.*) Voyons, Valentin, écoute....

VALENTIN. Ne me touchez pas... ne me touchez pas...

BARON, *lui prenant la main avec force.* Écoute donc, et ne crie pas.

VALENTIN. Qu'est-ce que c'est?

BARON. Cette nuit je veux quitter l'hôtel.

VALENTIN. Je le sais.

BARON. Et peut-être pas seul.

VALENTIN. Je le sais encore.

BARON. Eh bien! il faut que tu m'aides à exécuter mon projet.

VALENTIN, *dégageant sa main.* Vous aider, moi! Mais c'est le déshonneur que vous me proposez là!

BARON, *lui offrant une bague.* Eh non!... Je te propose ceci en échange du service que tu vas me rendre.

VALENTIN. Vous croyez m'éblouir avec votre bijou!... Je le méprise... mon bijou à moi, c'est Caroline, c'est ma future, entendez-vous?...

BARON. Ta future!... comment, tu aurais la prétention.... toi...

VALENTIN. Et pourquoi pas?... Monsieur vaut bien madame.

BARON. Un misérable garçon d'auberge.

VALENTIN. Et elle, qu'est-ce qu'elle est donc?... La fille d'un portier, et la sœur d'un mauvais sujet qui est disparu et qui s'est fait comédien.

BARON. La sœur d'un comédien, dis-tu?

VALENTIN. Oui, de Jacques Badouret, qui a pris le nom de M. Sainval, à ce qu'on dit.

BARON. Comment, c'est la sœur de ce pauvre Sainval?

VALENTIN. Vous le connaissez?

BARON. A ma dernière représentation à Versailles, je l'ai poignardé d'une manière bien remarquable.

VALENTIN, *effrayé.* Poignardé!

BARON. A l'anglaise.

VALENTIN, *à part.* Pauvre Caroline! si elle savait... Allons, il faut que je l'arrache à cet infernal précipice...

Il s'esquive sur la pointe des pieds, et sort par le fond. La nuit commence à paraître.

SCÈNE XXII.

BARON, *seul.*

Comment, cette jolie petite Caroline est la sœur de mon bon camarade Sainval?... Qu'allais-je faire. grand Dieu!... Et quand elle serait la sœur de tout autre, est-ce une raison pour la séduire?... Elle est pauvre et sage... elle n'a que sa vertu, et j'allais la lui ravir, la perdre.... Oh! c'est mal, c'est mal.... Je ne sais si c'est l'influence du champagne, mais j'avais projeté là une mauvaise action.... Allons, soyons homme d'honneur, respectons cette jeune fille... Assez de belles dames nous honorent de leurs bontés.... Celles-là sont assez riches de titres, d'honneurs, de fortune pour acheter la considération; elles peuvent nous sacrifier leur sagesse.... Arrière donc toute mauvaise pensée sur la jeune fille pauvre et vertueuse.

Air d'Aristippe.

D'un sot titré tout bouffi d'insolence,
Si nous prenons la campagne à l'écart;
Nous la trompons..... c'est là notre vengeance;
Celle du pauvre a droit à plus d'égard;
Que sa vertu lui serve de rempart.
Des passions suivant les lois communes,
Qu'au moins mon cœur ne me reproche rien,
Et que Baron, l'homme à bonnes fortunes,
Sache avant tout rester homme de bien,
Sachons d'abord rester homme de bien.

Allons songer aux moyens de quitter cet hôtel... J'ai là quelques bijoux, ils serviront à payer mon hôte... Un peu moins de parure, mais la conscience en paix... j'aurai fait une bonne journée.

SCÈNE XXIII.

LA COMTESSE, CAROLINE.

La nuit est venue graduellement pendant cette scène.

CAROLINE. Vous pouvez venir; madame, il n'est plus là.

LA COMTESSE, *couverte d'un mantelet avec manches et capuchon.* Bien... Et c'est ici qu'il t'a donné rendez-vous, mon enfant?

CAROLINE. Oui, madame, dans cette salle.

LA COMTESSE. Très-bien... ma petite, je saurai reconnaître ce service.

CAROLINE. C'est moi, madame, qui vous dois des remerciemens; car vous m'avez sauvée.

LA COMTESSE. Pauvre enfant! tu l'aimais déjà.

CAROLINE. Dam!... je ne sais.

LA COMTESSE. Ah! je conçois... on ne peut guère lui résister... Mais tu l'oublieras facilement, en songeant qu'il te trompait, et qu'il t'aurait rendue malheureuse.

CAROLINE. Oh! oui, madame.

LA COMTESSE. L'heure s'approche... Le perfide va venir... Laisse-moi, mon enfant, et reste dans ma chambre jusqu'après mon départ... Tu ne tarderas pas à recevoir de mes nouvelles. On approche, va, va.

Il fait nuit tout-à-fait.

SCENE XXIV.
LA COMTESSE, VALENTIN.

LA COMTESSE, *se jetant dans un fauteuil.* Attendons.

VALENTIN, *il a un manteau et un chapeau à plumes.* Allons, il n'y a plus à reculer.

LA COMTESSE, *à part.* C'est lui.

VALENTIN, *à part.* M. Delor et le père Badouret sont chez le commissaire; les autres sont cachés je ne sais où... Le seul moyen d'arracher Caroline au sort affreux qui l'attend avec ce mandrin de n° 23, c'est de l'enlever et de l'enfermer dans ma chambre...

LA COMTESSE, *à part.* Il s'approche... Quel plaisir de le confondre!

VALENTIN, *qui s'approche à pas de loup.* La voilà... déjà... Diable, il paraît qu'elle n'a pas perdu de temps... J'en ai là sueur froide.

LA COMTESSE, *à part.* Contenons-nous bien.

VALENTIN, *à part.* Allons, le jarret tendu, et donnons-nous un genre... (*Il s'approche. Haut.*) Eh bien! petite jeunesse, vous m'attendiez; c'est très-bien, ça me flatte.

LA COMTESSE. Oh! quel ton!

VALENTIN. Vous ne répondez rien... ce n'est pas gentil... Vous avez peut-être peur de décamper de chez le papa.

LA COMTESSE. C'est singulier... Ce langage...

VALENTIN, *lui prenant la main.* Votre main est émue... Vous êtes dans l'erreur... avec un gaillard comme moi, il n'y a pas de risque... Venez.

LA COMTESSE, *retirant sa main.* Ce n'est pas là Baron.

VALENTIN, *à part.* Je dois être bien beau... (*Il veut reprendre la main de la comtesse.*) Eh bien!... elle ne veut pas... Est-ce qu'elle refuserait? Comme c'est heureux... c'est-à-dire non, c'est très-malheureux, parce qu'il peut venir, et... Allons, le coup de grâce. (*Haut.*) Voyons, mon petit chou, ne faites pas de manières... je veux faire votre bonheur... je vous donnerai cent mille choses extrêmement belles, ainsi que toutes sortes de châteaux.

LA COMTESSE, *se levant, à part.* C'est une mystification!

VALENTIN, *à part.* Scélérat que je suis... Si j'étais femme, comme je me séduirais! (*Haut.*) Venez avec moi, et je vous ferai un sort.

Il s'approche pour lui prendre la taille.

LA COMTESSE, *le saisissant à la gorge.* Il faut absolument que je sache...

VALENTIN. Holà!... Je suis reconnu.

LA COMTESSE, *lui donnant un soufflet.* Qu'est-ce que c'est que ce drôle?

VALENTIN. C'est lui..... une main d'homme!... je suis perdu... Au secours!

Il se sauve. Baron paraît.

SCENE XXV.
BARON, LA COMTESSE.

BARON. Qu'est-ce donc? qu'y a-t-il?

LA COMTESSE, *à part.* Ah! c'est lui... Enfin...

BARON, *l'apercevant, à part.* Une femme! (*Haut.*) Est-ce vous, Caroline?...

LA COMTESSE, *déguisant sa voix.* Oui, monsieur, je vous attendais.

BARON, *à part.* Déjà! Pauvre petite...

LA COMTESSE. Partons...

BARON, *haut, lui prenant la main et la faisant asseoir.* Caroline, écoutez-moi, mon enfant. Voulez-vous me permettre de vous faire un aveu avant notre départ?

LA COMTESSE. Oui, monsieur.

BARON. Ne tremblez pas ainsi, et promettez-moi de me parler franchement.

LA COMTESSE. Je le promets.

BARON. Avez-vous jamais réfléchi aux dangers que peut courir une jeune et jolie fille, lorsqu'elle a la faiblesse de croire à l'amour d'un homme qu'elle ne connaît pas. Savez-vous les malheurs qui l'attendent dans le monde, quand elle ose abandonner sa famille?

LA COMTESSE. Quel langage!

BARON. Eh bien! je dois vous éclairer, moi qui veux vous aimer comme un frère, moi qui veux vous estimer... La jeune fille part avec son séducteur. Le luxe, le fracas d'un monde qu'elle ne connaissait pas l'enivrent et lui font oublier quelque temps la faute qu'elle a commise. Mais bientôt cette existence fébrile la fatigue, car elle sait bien que cette existence est passagère; les remords arrivent... Elle veut s'étourdir, se tromper elle-même. Vain espoir! les spectacles l'ennuient, les bals, les concerts la trouvent insensible; car toutes ces jouissances factices sont empoisonnées par le souvenir d'un père qu'on a laissé dans les larmes... Elle aime toujours son amant, et son amant ne l'aime plus, car il ne l'a aimée que par caprice... Elle devine son malheur... elle est jalouse... elle se plaint, elle pleure; elle devient un objet d'ennui pour le séducteur, qui l'abandonne en lui laissant le déshonneur, la misère et le désespoir.

LA COMTESSE, *bas.* Quel changement!...

BARON. Eh bien! voilà le tableau de ce qui pourrait vous arriver! Caroline, croyez-moi, vous êtes née pour faire le bonheur d'un honnête homme, et non pour vous rendre la fable d'un monde qui vous mépriserait.

AIR : *Un page aimait la jeune Adèle.*

Sachez qu'un père de famille
Met son orgueil en ses enfans,
Le vôtre verra-t-il sa fille
Déshonorer ses cheveux blancs?
Restez toujours près de votre vieux père,
De son bonheur, moi, je m'applaudirai :
C'est d'un ami le conseil salutaire.

LA COMTESSE, *émue.*
Merci, monsieur; car je m'en souviendrai.
Oh! oui, monsieur, oui, je m'en souviendrai.

SCENE XXVI.

LA COMTESSE, BARON, BADOURET, L'OFFICIER DU GUET, DELOR, VALETS *portant des flambeaux,* GARDES *au fond; puis* VALENTIN.

BADOURET, *saisissant la comtesse et désignant Baron.* Le voilà, arrêtez-le! arrêtez le ravisseur de ma fille.

DELOR. Un voleur qui veut partir sans me payer.

L'OFFICIER. Voyons, monsieur, qu'avez-vous à répondre à ces accusations?

BARON. Monsieur l'officier, je n'ai rien à répondre à de pareilles folies.

BADOURET, *à la comtesse.* Parle, ma fille.

BARON. Oui, Caroline, dites la vérité.

LA COMTESSE, *se découvrant.* Je la dirai, monsieur.

BARON. Que vois-je? vous, madame la comtesse!

TOUS. Qu'est-ce que cela veut dire?

LA COMTESSE. Moi-même, monsieur, qui vous remercie de la leçon que vous venez de me donner; leçon dont je profiterai, je vous le jure.

BADOURET. Et ma fille? ma fille?

LA COMTESSE. Rassurez-vous. (*Allant à la porte de la chambre où est entrée Caroline.*) Venez, mon enfant, venez, et remettez à votre père cette donation qui, j'espère, facilitera votre mariage.

CAROLINE. Ah! madame, que de bontés!

L'OFFICIER. Tout cela est fort beau; mais je dois savoir d'abord, madame, qui vous êtes.

LA COMTESSE. Haute et puissante dame, comtesse de Ronsberg, se promenant sur la route de Paris à Turin.

L'OFFICIER, *saluant.* Pardon, mille fois pardon, madame la comtesse... (*A Baron.*) Mais vous, monsieur, qui êtes-vous, quels sont vos titres? répondez.

BARON. Ma foi, monsieur l'officier, j'en ai tant, que je ne me les rappelle pas.

L'OFFICIER. Ne plaisantons pas, monsieur; vos papiers?

BARON, *se fouillant.* Diable! je crains...

L'OFFICIER. Vos papiers?

BARON, *lui donnant un manuscrit.* Voilà tout ce que je puis vous offrir pour le moment.

L'OFFICIER, *lisant presque bas.* «L'Homme à bonnes fortunes, comédie en cinq actes.» (*Haut.*) Se moque-t-on de moi?.. qu'est-ce que cela veut dire?

LA COMTESSE. Que monsieur est le comédien Baron, l'auteur de *l'Homme à bonnes fortunes.*

L'OFFICIER, *saluant.* Je n'ai plus qu'à me retirer... puisque monsieur est connu de vous.

LA COMTESSE. De moi et de toute la France.

L'officier sort avec les gardes.

BARON. Madame la comtesse daignera-t-elle m'accorder une place dans sa voiture?

LA COMTESSE. Volontiers, mon cher; je vous emmène à Paris, où de brillans succès vous attendent...

BARON, *à Caroline.* Caroline, acceptez cette bague, c'est mon cadeau de noces... Père Badouret, je veux être votre ami; car je suis celui de votre fils, du comédien Sainval.

VALENTIN. J'en étais sûr, je ne me trompe jamais.

On annonce : la voiture de Mme la comtesse.

BARON, *au public.*
AIR *de Colatto.*

Messieurs, lorsqu'ici devant vous
On me donnait des titres de noblesse,
Couronne et titre à mes yeux étaient doux,
Puisque je leur ai dû les honneurs, la richesse.
Je viens encor, de la grandeur épris,
Vous redemander ma couronne,
Car pour l'artiste elle a du prix,
Quand c'est le public qui la donne.
Il offre la main à la comtesse et sort avec elle.

CHOEUR.
AIR *de Vaugelas.*

Dirigé par l'honneur
Celui qui veut sans cesse
Agir avec noblesse
Vaut bien un grand seigneur.

FIN.